AF224237

MÉMOIRE

POUR SERVIR A

M. Frédéric-Pierre-Marie-Vincent Dubosc de Pesquidoux

DANS

UNE DEMANDE EN RECTIFICATION DE SON ÉTAT CIVIL,

PAR J. NOULENS.

BEAUVAIS,

IMPRIMERIE DE J. NOULENS, RUE DES TROIS-CAILLES, 8.

—

1872.

MÉMOIRE

POUR SERVIR

A M. FRÉDÉRIC-PIERRE-MARIE-VINCENT DUBOSC DE PESQUIDOUX

DANS

UNE DEMANDE EN RECTIFICATION DE SON ÉTAT CIVIL.

MÉMOIRE

POUR SERVIR A

M. Frédéric-Pierre-Marie-Vincent Dubosc de Pesquidoux

DANS

UNE DEMANDE EN RECTIFICATION DE SON ÉTAT CIVIL,

PAR J. NOULENS.

BEAUVAIS,

IMPRIMERIE DE J. NOULENS, RUE DES TROIS-CAILLES, 8.

1872.

MÉMOIRE

POUR SERVIR

A M. FRÉDÉRIC-PIERRE-MARIE-VINCENT DUBOSC DE PESQUIDOUX

DANS

UNE DEMANDE EN RECTIFICATION DE SON ÉTAT CIVIL.

I.

DEUX MOTS EXPLICATIFS SUR L'OBJET DE CE MÉMOIRE.

Le nom est à la fois une chose indivisible dans sa constitution et divisible par la transmission, puisqu'il se multiplie en raison des naissances dans les familles sans que cette extension soit préjudiciable aux membres qui le portaient précédemment. Cette faculté du nom de s'éparpiller, tout en conservant sa forme intégrale, me remet en mémoire ce vers d'un grand poète, qui résume si bien l'amour maternel :

Chacun en a sa part et tous l'ont tout entier.

Dans l'exposé qui va nous occuper, M. Frédéric-Pierre-Marie-Vincent Dubosc de Pesquidoux, né au Houga (Gers), le 19 juillet 1832, par suite d'une erreur d'inscription sur les registres de l'état civil, se trouve ne pas avoir un nom littéralement conforme à celui de ses pères. Son frère aîné, régulièrement enregistré, le porte très-complet, c'est-à-dire identique à l'usage traditionnel de ses devanciers directs pendant trois siècles. La lacune que nous signalons consiste dans l'absence de la préposition *de*, qui lie le mot Dubosc, nom patronymique, à celui de Pesquidoux, appellatif terrien, qui remonte à 1616. L'objet du réclamant est donc de rétablir l'article *de* entre les deux substantifs propres où il fait défaut.

Si allonger ou raccourcir son nom est un acte d'irrévérence et de mépris pour les ascendants, le conserver intact est une des obligations de la piété filiale. N'est-ce pas, d'ailleurs, défigurer son nom que de se résigner à l'éclipse ou au sacrifice d'une partie dans les éléments qui le composent ? Sous l'action du temps, le monosyllabe dont nous demandons la remise en place s'est pour ainsi dire incorporé aux mots qui le précèdent et le suivent : ce n'est donc pas une addition que le tribunal est appelée à reconnaître, c'est tout simplement un droit acquis qu'il doit confirmer. On sait que la possession centenaire, en fait d'appellatif, équivaut à la propriété ; celle du consultant est, par conséquent, trois fois plus ancienne qu'il ne faut, car de 1620 jusqu'à nos jours le nom de Dubosc de Pesquidoux a été uniforme dans la descendance de cette famille. Nous le répétons donc, dans notre instance en rectification, il s'agit de sanctionner ce qui a été et ce qui est pour effacer une exception à la règle séculaire. D'ailleurs, le tribunal ne saurait refuser satisfaction au réclamant, puisque la défectuosité de son nom est une infraction à la loi, qui veut que le mode de transmission du passé régisse le présent et l'avenir.

II.

LA DEMANDE EN RECTIFICATION DE L'ÉTAT CIVIL QUE SE PROPOSE D'ENGAGER M. FRÉDÉRIC DUBOSC DE PESQUIDOUX EST JUSTIFIÉE PAR LA LÉGISLATION NOUVELLE ET ANCIENNE.

Le *de* n'est ici, comme on dit en langue héraldique, qu'une pièce honorable du nom, c'est-à-dire une dépendance; puisqu'elle manque, le tribunal, en la restituant, ne fera qu'exécuter la loi, comme on va le voir.

Le garde des sceaux, dans sa circulaire du 22 novembre 1859, a prévu la nécessité de combler la lacune
des mentions officielles de naissance, de mariage ou de
décès, et indique la demande en rectification devant la
juridiction ordinaire comme devant y remédier. Voici les
instructions ministérielles :

« Il se peut que des erreurs, des omissions, des
« irrégularités aient eu lieu dans la rédaction des actes
« de l'état civil, ou encore que les circonstances poli-
« tiques, ne permettant pas au père de donner à ses
« enfants son nom tout entier, il en ait retranché les
« qualifications.... que condamnait la loi existante, et
« que, plus tard, encouragés par l'apaisement des pas-
« sions, par le retour d'idées un instant proscrites, par
« les tendances des lois nouvelles, les enfants aient de
« leur chef, et sans s'assujettir aux formalités légales,
« repris ce qu'ils considéraient comme leur propriété,
« le nom de leurs aïeux. Dans ce cas, la connaissance
« du fait est dévolue aux tribunaux ordinaires. La loi
« leur confère expressément la mission de rechercher,
« de constater ce qu'était, avant la naissance du récla-
« mant, l'état légal de la famille, de le reconstituer
« et de le lui rendre intact.... Tout se réduit à com-
« parer son acte de naissance avec celui de ses auteurs,
« et, s'il s'y rencontre des différences que les malheurs
« du temps ou la négligence de l'officier de l'état civil
« expliquent, à les faire disparaître ; il n'est besoin de

« rien de plus pour maintenir l'individualité des fa-
« milles (1). »

Au reste, l'appui que nous prête la loi du
28 mai 1858, dont le but principal est de substituer
la régularité orthographique aux imperfections et aux
empiètements sur le domaine d'autrui, serait suffisant
pour faire triompher la cause de M. Frédéric Dubosc de
Pesquidoux. Le tribunal, en effet, ne saurait refuser
d'appliquer cette maxime de Guyot que je détache de
son *Répertoire de jurisprudence* au mot LOI :

« Quand un droit arrive à une personne par la dis-
« position d'une loi, ce droit lui est acquis par l'effet
« de la loi, soit que cette personne sache ou ignore
« cette loi, et soit aussi qu'elle sache ou ignore le fait
« d'où dépend le droit que la loi lui donne. »

La possession ancienne en matière de noms, a dit
Montesquieu, est « le premier des titres et le plus in-
« violable des droits. Il est toujours injuste et quelque-
« fois dangereux de vouloir l'ébranler. » Le rapport de
M. le garde des sceaux sur le rétablissement du conseil
du sceau des titres se prononce d'une manière ana-
logue :

« Votre majesté a voulu mettre un terme aux abus,
« ramener l'ordre dans l'état civil ; mais elle n'a entendu

____

(1) *Du Droit nobiliaire français,* par A. Lévesque, p. 305, 306.

« porter atteinte à des droits acquis, ni inquiéter des
« possessions légitimes qui ne demandent que les moyens
« de se faire reconnaître et régulariser (1) ».

Voici la pensée de Lévesque au sujet de la possession :
« Si l'on ne rattachait pas l'origine de ce nom à l'ac-
« quisition d'un fief, il en était encore de même ; mais
« si l'on prétendait le faire dériver d'une telle acqui-
« sition, comme l'usage féodal permettait cette déri-
« vation, il suffisait d'une possession démonstrative de
« l'intention d'adjonction (2). »

Dans le cas que nous soutenons, l'usage durant trois
cents ans du double nom affirme, de la part de chaque
génération, le souci de rendre inséparables le nom fa-
milial de Dubosc et le qualificatif domanial : de Pesquidoux.

Le type du nom pendant près de trois siècles ayant
été DUBOSC DE PESQUIDOUX, la justice doit le réintégrer
dans cette forme toutes les fois qu'il est défectueux,
comme dans l'inscription du réclamant, où le père est
fautivement déclaré DUBOSC-PESQUIDOUX.

Le prénom de *Frédéric* a été omis dans la déclaration ci-après, mais son rétablissement ne présente

____

(1) Rapport de M. le garde des sceaux sur le rétablissement du
conseil du sceau des titres.

(2) *Du Droit nobiliaire français,* par A. Lévesque, p. 303.

aucune difficulté. On pourra le demander au tribunal en même temps que celui de la liaison *de* entre les noms de *Dubosc* et de *Pesquidoux*.

EXTRAIT DU REGISTRE DES NAISSANCES DE LA COMMUNE
DE HOUGA POUR L'ANNÉE 1832.

L'an mil huit cent trente-deux et le dix-neuf juillet, par devant nous, maire, officier de l'état civil de la commune de Houga, canton de Nogaro, département du Gers, est comparu M. *Dubosc-Pesquidoux* (Jean), docteur en droit, domicilié de la présente commune, lequel nous a présenté un enfant du sexe masculin, né ce-jourd'hui dans son domicile, vers l'heure de midi, de lui déclarant et de dame *Dubosc-Peyran* (Marie-Félicie), son épouse, auquel il déclare vouloir donner les prénoms de *Pierre-Marie-Vincent;* lesdites déclaration et présentation faites en présence de MM. Dirat (Jean-François), âgé de cinquante ans, et Labadie (Jean), âgé de quarante-huit ans, propriétaires, domiciliés de Houga, et ont, le déclarant et les témoins, signé avec nous le présent acte après lecture faite.

Ont signé au registre : J. Dubosc-Pesquidoux, Dirat, Labadie et Dubos-Taret.

Certifié conforme, à Houga, le 15 février 1872.

Le maire, DE CLARENS.

III.

L'insertion de naissance telle qu'elle est exproprie en partie M. Frédéric Dubosc de Pesquidoux du nom qui lui appartient. L'appellatif actuel de la famille, dans sa forme complexe, a été pratiqué par presque toutes ses générations depuis trois siècles ; c'est donc un bien héréditaire et une sauvegarde pour l'unité et l'identité d'une branche des Dubosc à travers les temps et dans la société. Sans la préposition *de,* qui lie rationnellement le nom patronymique et le nom domanial, l'impétrant, au milieu des siens, a l'air d'un étranger. Les preuves que nous produisons sont absolument celles que Dalloz, d'accord avec la cour de cassation (1), réclame de la manière suivante :

(1) La cour de cassation, dans un arrêt du 5 janvier 1863, a décidé que les actes de naissance, pour établir l'état nominal des ascendants, avaient une autorité supérieure à tous les autres documents. La même doctrine avait été émise précédemment par

« En matière de demande en rectification d'actes de
« l'état civil, les actes de l'état civil antérieurs doivent
« prévaloir sur tous autres documents produits à l'appui
« la demande (1). »

La cour de Paris, dans son arrêt du 15 novembre 1858, relatif à une demande déjà signalée du
sieur de Salinis, professe que le nom étant un legs
forcé des ancêtres devient par ce seul fait la propriété
la plus sainte de toutes, et que c'est un devoir, en
même temps qu'un droit, de veiller à sa sauvegarde et
de lui rendre sa physionomie héréditaire. Par conséquent, ajoute Lévesque à ce propos, « établir le droit
« de mes aïeux à tel nom, ce sera établir le mien.
« Mais de même que, à mon égard, mon acte de
« naissance est le document par excellence, de même,
« à l'égard de mes pères, les actes dressés pour cons-
« tater leur état jouissent d'une autorité supérieure. »

Lévesque, toujours en son *Droit nobiliaire français*,
reprend ailleurs la même pensée et la complète :

« Si donc, pour soutenir une demande de ce genre,

la cour impériale d'Agen, le 26 juin 1860 : « Que si les actes de
« l'état civil ne sont pas le seul moyen de preuve qui puisse être
« invoqué à l'appui d'une demande en rectification d'un acte de
« cette nature, il faut néanmoins tenir pour constant qu'ils en
« constituent l'élément dominant et essentiel. » (Dalloz, Palais,
1860, II, 140.)

(1) Dalloz, Palais, 1863, I, 452.

« on invoque tout à la fois des actes de l'état civil an-
« cien et des documents d'une autre nature, les juges
« n'ont pas à se préoccuper des derniers, du moment
« que les actes de l'état-civil leur paraissent probants
« dans un sens ou dans l'autre. Ces actes établissent-
« ils chez les auteurs du demandeur le droit au nom
« réclamé? Il n'est pas besoin d'autre chose; au con-
« traire excluent-ils ce droit. Aucun autre genre de
« preuve ne peut être admis contre eux (1). »

La cour de cassation avait formulé, le 5 janvier 1863,
un arrêt dans le même esprit : « Que si les actes de
« l'état civil ne sont pas le seul moyen de preuve qui
« puisse être invoqué à l'appui d'une demande en rec-
« tification d'un acte de cette nature, il faut néan-
« moins tenir pour constant qu'ils en constituent l'élé-
« ment dominant et essentiel. »

Un jugement du tribunal de la Seine a mis ces
maximes en pratique dans ce considérant bien plus
exclusif : « La possession ne peut résulter que d'actes
« consignés dans des registres publics, tels que les
« actes de naissance, de mariage et de décès, ou des
« monuments publics. » M. Drème, avocat général à
la cour d'Agen, a été beaucoup plus libéral dans son
interprétation et plus près de la vérité historique quand

____

(1) *Du Droit nobiliaire français au* XIXe *siècle*, par Alfred
Lévesque, page 293.

il partage le sentiment d'Isambert en fait de pièces jus-
tificatives et quant il accepte les contrats de mariage,
les testaments, les partages et transactions entre
membres de la même famille qui avaient intérêt à la
contradiction.

Les preuves que nous avons en main sont précisé-
ment celles que la justice exige; elles remontent jusqu'au début du xviie siècle, et elles offusquent par leur
surabondance. Nous nous bornerons à la citation de
quelques-unes, et nous réserverons les autres pour les
produire en temps et lieux opportuns.

Avant 1620, comme il appert de l'extrait baptistère
ci-dessous, Antoine Dubosc contracta alliance avec
Jeanne de Pesquidoux, héritière de Pesquidoux. Cette
union fut la cause et le point départ de la dénomination
terrienne ajoutée au nom de Dubosc.

ANNÉE 1620.

ACTE DE NAISSANCE DE MADELEINE DU BOSC, FILLE DE M. ANTOINE
DU BOSC, PREMIER AUTEUR, MARIÉ A JEANNE DE PESQUIDOUX,
HÉRITIÈRE DUDIT LIEU.

Le second jour du mois d'aoust 1620 a esté baptisée
MAGDELAINE DU BOSC, fille de M. ANTOINE DU BOSC (1) et de

---

(1) Dans un acte notarié de 1644, relatif à un achat de terre,
que le consultant pourra produire devant le tribunal, Antoine
Dubosc de Pesquidoux y prend le nom de sa femme à la suite du
sien, comme acquéreur.

Jeanne de Pesquidoux, estant parrain M. Bertrand Latrau, marraine Magdelaine du Barry, présents : Pierre de Pesquidoux et Jean-Petit du Cos, les tous de la paroisse de Perchède. Ecrit par moi, soussigné, Breterrèche, vicaire du dit Perchède. — Signé (1) :

Pour extrait certifié conforme délivré en la mairie du Houga.

Le maire, DE CLARENS.

ANNÉE 1657.

ACTE DE DÉCÈS D'ANTOINE DUBOSC DE PESQUIDOUX, FONDATEUR DE LA BRANCHE.

Le vint et deuxième d'aoust mil six cent cinquante-sept a esté ansevely ANTOINE DUBOSC DE PESQUIDOUX (2), âgé de septante ans, est trespassé dans sa maison du dit Pesquidoux et en la foy de l'Eglise. Le corps duquel a esté anterré dans cette église, en un tombeau que je luy ai baillé pour une aube qu'il a donnée au profit de la dite église. Cest office ayant été fait par moy, Dalbot, recteur. — Signé.

Pour extrait certifié conforme délivré en la mairie du Houga.

Le maire, DE CLARENS.

Pierre, fils d'Antoine, est également énoncé DUBOSC DE PESQUIDOUX, dans l'insertion de son mariage sur les

(1) Extrait des registres de l'état civil des paroisses de Toujan et de Perchède, déposés à la mairie du Houga.

(2) *Idem.*

registres paroissiaux de Perchède, ainsi que dans son acte de décès que voici :

ANNÉE 1657.

ACTE DE DÉCÈS DE PIERRE DUBOSC DE PESQUIDOUX,
FILS DU PRÉCÉDENT.

Le premier de mars mil six cent cinquante-sept a esté ensevely *Pierre* DUBOSC DE PESQUIDOUX, agé de trente ans ou environ, est trépassé dans la maison audit Pesquidoux et en la foy de l'église. Le corps duquel a esté enterré au cimetière de cette paroisse et au tombeau de ses ancestres. Cet office ayant été fait par moy Dullot, recteur. — Signé.

Pour extrait certifié conforme délivré en la mairie du Houga.

Le maire, DE CLARENS.

ANNÉE 1672.

ACTE DE MARIAGE DE BERTRAND DUBOSC DE PESQUIDOUX, SECOND FILS
D'ANTOINE, PREMIER AUTEUR.

Le dix-septième may 1672 ont épousé *Bertrand* DUBOSC DE PESQUIDOUX (1) et Louise Mié ; présents, Jean Dubosc du Guessau, Petit-Jean Dubosc, Pierre Grimaud et Jean Labarbe, Sillères Mié. — Signé.

Pour extrait certifié conforme délivré en la mairie du Houga.

Le maire, DE CLARENS.

---

(1) Divers actes notariés, passés en 1678 et 1687, ainsi qu'un extrait du cadastre, relatifs au même personnage, le désignent de cette manière : *Bertrand du Bosc de Pesquidoux* ; d'où il suit que le nom, dans toutes les manifestations de la vie, est constamment le même.

ANNÉE 1693.

DÉCÈS DE *Jeanne* DUBOSC DE PESQUIDOUX.

Le dix-sept octobre mil six cent quatre-vingt-treize a été inhumée Jeanne DUBOSC DE PESQUIDOUX, agée de dix-huit ans, par moi, P. Lafontan, curé de Toujan et Perchède.

Pour extrait certifié conforme délivré en la mairie du Houga.

Le maire, DE CLARENS.

Entre Bertrand, qui personnifie le degré précédent, et Jacques qui va suivre, nous pourrions interposer Joseph et Pierre Dubosc de Pesquidoux (1) ; mais les

(1) Pierre Dubosc de Pesquidoux, trisaïeul du requérant, prend simultanément le nom patronymique et terrien, en 1719, dans l'acte de baptême de Jeanne, sa fille précitée ; dans celui de Bertrand de Ducastaing, dont il fut le parrain, en 1732 ; l'état civil le mentionne encore *Pierre Dubosc de Pesquidoux*, à propos de la naissance de Dominique, son fils ; un contrat de vente de 1739 et une transaction de 1753, les actes municipaux de 1736, 1739, 1741, 1753, le cadastre de 1736, premier cahier, portent tous indistinctement : Pierre Dubosc de Pesquidoux.

Joseph, frère aîné dudit Pierre, porte le nom de *Joseph Dubosc de Pesquidoux ;* dans l'insertion de naissance de sa fille Marie, l'an 1710, et dans celle de Jeanne Dubosc, qu'il tînt sur les fonts baptismaux en 1719 ; on le retrouve, avec le nom combiné de Dubosc de Pesquidoux, dans un échange de 1709, dans une quittance délivrée au nom de Marguerite Dubosc en 1710, dans une subrogation de la même année, dans une autre de la suivante, dans une reconnaissance de paiement de 1724, dans un autre titre où il est question de son fils Christophe en 1725, dans une délibération de la commune de Perchède en 1726, etc.

preuves offusquent déjà par leur surabondance. Pour ne pas en abuser, nous sautons un échelon de la descendance, et nous passons à 1762 : à partir de cette date, comme précédemment, le nom de Dubosc de Pesquidoux a été pour ainsi dire invariable dans sa contexture jusqu'en 1789.

ANNÉE 1762.

ACTE DE DÉCÈS DE JACQUES DUBOSC DE PESQUIDOUX, PETIT-FILS
DU PRÉCÉDENT.

L'an mil sept cent soixante-deux et le quinzième octobre est décédé *Louis-Jacques* DUBOSC DE PESQUIDOUX, âgé de trente-cinq ans, muni des sacrements, et le lendemain son corps a été inhumé au cimetière de l'église Saint-Laurent de Toujan, les cérémonies duement observées! en présence des sieurs Jacques Labarbe et Joseph Sarrade. Signés avec moi : Labarbe, Sarrade et Sarrade, curé de Toujan. — Signé.

Pour extrait certifié conforme.

Le maire du Houga,

DE CLARENS.

(1) Jacques, qui eut pour auteur Joseph, le précédent, est le bisaïeul. A son décès, en 1762, il est enregistré : *Jacques* DUBOSC DE PESQUIDOUX. Dans les délibérations de la commune de Perchède, de même que dans le cadastre de 1736, son nom double demeure immuable.

ANNÉE 1789.

Acte de naissance de Dominique Dubosc de Pesquidoux, petit-fils du précédent, lequel, s'il eut vécu, eut été le chef actuel de la famille.

M. *Dominique* Dubosc de Pesquidoux, fils légitime de M. *Jean* Dubosc de Pesquidoux et de demoiselle Marie-Anne Barthe, est né dans Toujan le troisième septembre mil sept cent quatre-vingt-neuf, et a esté baptisé le même jour par maître Dominique Dubosc, curé de Saint-Aubin, à ma prière, et la marraine a été demoiselle Marguerite Dumazan. — Barciet, curé de Toujan. — Signé.

Pour extrait certifié conforme.

Le maire du Houga,

DE CLARENS.

Nous pouvons conclure des preuves ci-dessus déployées que le nom de Dubosc de Pesquidoux a été le type le plus fréquent et le plus authentique de la famille; c'est donc celui qui doit faire foi et loi aujourd'hui pour fixer la justice.

L'AN VIII DE LA RÉPUBLIQUE FRANÇAISE.

EXTRAIT DE NAISSANCE DE JEAN DUBOSC PESQUIDOUX, PÈRE DU RÉCLAMANT (1).

Ce jourdhui douze brumaire an huit de la République française une et indivisible, pardevant moi, Antoine Laurentie, agent municipal de la commune du Houga, s'est présenté le citoyen DUBOSC-PESQUIDOUX qui m'a déclaré que Marie Barthe, sa femme en légitime mariage, s'est accouchée d'un enfant mâle auquel on a donné le prénom de Jean ; en présence des citoyens Jean Sigos, âgé de quarante-quatre ans, et de Jean Breuil, âgé de trente-sept ans, habitants de la dite commune, qui m'ont certifié la déclaration du citoyen Dubosc-Pesquidoux, père de l'enfant véritable, et n'ont signé pour ne savoir. — Laurentie. — Signé au registre.

Pour extrait certifié conforme.

Le maire du Houga,

DE CLARENS.

(1) Jean, fils d'autre Jean, le premier père et le second, grand-père du requérant, eut pour frère, en 1789, Dominique Dubosc de Pesquidoux, ainsi nommé, et signalé en outre comme fils de Jacques Dubosc de Pesquidoux; à l'appui des deux noms identifiés par le temps viennent une vente de Jean Dubosc de Pesquidoux en 1790, une autre du même en 1793, le contrat de mariage de Ducastaing, notaire, auquel assista Jean Dubosc de Pesquidoux, des échanges et des aliénations diverses de terres, faits devant Lasies, notaire du Houga, en l'an III, en 1817, en 1819.

ANNÉE 1829.

EXTRAIT DU REGISTRE DES NAISSANCES DE LA COMMUNE DU HOUGA.
DU FRÈRE DU RÉCLAMANT.

L'an mil huit cent vingt-neuf et le vingt-sept décembre, à dix heures du soir, pardevant nous, maire, officier de l'état civil de la commune du Houga, canton de Nogaro, département du Gers, est comparu monsieur *Jean* DUBOSC DE PESQUIDOUX, âgé de trente ans, docteur en droit, domicilié de la présente commune, lequel nous a déclaré que ce jourdhui, à cinq heures du soir, dame Marie-Félicie-Auzia Dubosc de Peyran, son épouse, a accouché d un enfant du sexe masculin, qu'il nous présente, et auquel il a donné les prénoms de : Jean-Clément Léonce. Ladite déclaration de présentation faites en présence de messieurs Austinde Lacome, âgé de quarante ans, et Antoine-Pierre-Hippolyte Dubosc de Peyran, âgé de soixante-huit ans, propriétaires et rentiers, domiciliés de la présente commune, et ont, le père de l'enfant et les témoins, signé avec nous le présent acte de naissance, après que lecture leur en a été faite.

Pour extrait certifié conforme délivré en la mairie du Houga.

Le maire, DE CLARENS.

L'oncle et le père du réclamant vinrent au monde sous la première République, qui se montra implacable, on le sait, pour toutes les distinctions d'apparence féodale ou honorifique. Leurs parents furent tenus, bon gré mal gré, d'observer la loi du 6 fructidor an II (interdisant les désignations terriennes), de cacher leur particule intermédiaire, signe de possession par excellence, dans leur souvenir, et de la supprimer dans les actes publics. On sait que d'Anton, quoique ministre de la justice, avait eu la même prudence et qu'il enleva de sa signature l'apostrophe qui isolait avant la Révolution le *d'* initial de la seconde lettre *A* qui jusqu'alors avait toujours été majuscule. Pierre et Jean Dubosc de Pesquidoux, frères, furent donc insérés dans l'état civil à la façon républicaine : l'un sous les noms Pierre Dubosc-Pesquidoux, l'autre sous ceux de Jean Dubosc-Pesquidoux. Le retranchement forcé de l'article est une exception qui confirme la règle antérieure et postérieure. Aussitôt que les circonstances le permirent, ils reprirent la forme primitive de leur nom, consacrée de plus par un long exercice. Aussi le voit-on reparaître dans le contrat de mariage de Jean Dubosc de Pesquidoux, père du consultant, et dans l'inscription de naissance de Léonce Dubosc de Pesquidoux, frère du même. Frédéric-Pierre-Marie-Vincent Dubosc de Pesquidoux, pour lequel nous avons dressé ce mémoire, naquit en 1832, et fut enregistré comme fils de Jean Dubosc-Pesquidoux et de dame Marie-Félicie Dubosc-Peyran. Il est probable que l'officier chargé de la tenue de l'état civil aura cru bien faire en copiant exactement la mention relative au père, né sous la première République et vicieusement déclaré.

Il me semble suffisamment établi que M. Frédéric

Dubosc de Pesquidoux est membre de la famille à laquelle appartient en toute légitimité le double nom de : Dubosc de Pesquidoux ; il est donc anormal que sa dénomination individuelle ne concorde point exactement avec celle des siens dans le passé et de son frère dans le présent.

III.

LA LÉGISLATION ET LA JURISPRUDENCE SONT D'ACCORD POUR AFFIRMER LES DROITS DE M. FRÉDÉRIC DUBOSC DE PESQUIDOUX REVENDIQUANT LA PLÉNITUDE DE SON NOM, C'EST-A-DIRE SA FORME TROIS FOIS SÉCULAIRE.

Les lois organiques qui règlent la demande en rectification sont : le Code Napoléon (article 99) et le Code de procédure civile (article 855). Le but de cette revendication syllabique devant les tribunaux est de réparer une altération ou un vice, et non point de rendre le nom honorifique. Elle tend à substituer la régularité à l'irrégularité, à supprimer une addition ou une suppression qui ne devraient jamais y avoir été introduites. C'est le droit qui l'inspire et non la convenance personnelle. Le jugement qui accueille la demande n'autorise pas le requérant à changer sa dénomination, mais il constate que le nom tel qu'il le réclame est sa chose légitime : il ne crée pas un fait nouveau, il ramène un état préexistant.

L'unité de jurisprudence en cette matière est incontestable.

La cour de Pau, ayant à statuer dans une demande en rétablissement de la particule formée par le sieur de Salinis, motiva ainsi son arrêt du 15 novembre 1858 :

« Attendu que le sieur de Salinis demande la rectifi« cation de son acte de naissance, comme ne le dési« gnant pas sous le nom qui lui appartient et qui lui a
« été transmis par ses ancêtres.... que le nom est une
« propriété des plus sacrées que l'on a droit de reven« diquer ; que, lorsqu'une erreur est intervenue dans les
« registres de l'état civil, le Code Napoléon indique le
« droit et la forme de la rectification (1). »

La communauté de noms et de lieu impliquant aussi celle d'origine et même de branche, il est inutile de redresser une filiation régulière des Dubosc de Pesquidoux jusqu'en 1616. Dans le mémoire présenté au tribunal de Bordeaux par la famille de Lanefranque, et dont les conclusions ont été acceptées, comme on le verra plus loin par la lecture du jugement rendu le 10 février 1869, aucune ascendance méthodique n'a été rétablie : la possession de la particule, antérieu-

(1) Dalloz, Palais, 1859, II, 92. — Sirey, 59, II, 104.

rement à 1789, a été simplement démontrée par des extraits de l'état civil ne représentant point tous les degrés. Dans l'espèce que nous rappelons, comme dans la nôtre, d'ailleurs, les registres baptistères, seuls probants, étaient incomplets; ce qui n'a pas empêché la justice de donner pleine satisfaction à la demande de M. de Lanefranque, ainsi qu'il appert du jugement ci-après :

« En point de droit :

« Y a-t-il lieu d'ordonner la rectification des actes « de l'état civil énoncés en la dite requête et conformé- « ment aux conclusions de la requête ?

« Oui, monsieur Jahntoltz, juge, en son rapport fait « ce jour en chambre du conseil;

« Oui, aussi en chambre du conseil, monsieur Fortier- « Maire, substitut du procureur impérial, en ses con- « clusions verbales et motivées, conformes au jugement, « et qui a donné son avis écrit et signé au bas de la dite « requête ;

« Attendu qu'il résulte des documents et des actes de « l'état civil produits à l'appui de la requête qui précède « que les ascendants des requérants, en remontant « même à une époque éloignée, ont porté les noms : « *de Lanefranque* au lieu de : Lanefranque;

« Que toutes les pièces communiquées au tribunal

« établissent avec certitude que le nom patronymique
« de cette famille est, depuis une longue série d'années,
« précédé de la particule ;

« Que si, pendant la période révolutionnaire, ce nom
« a subi une modification rendue nécessaire par les lois
« alors en vigueur, les requérants sont fondés à de-
« mander aujourd'hui qu'il soit rétabli aux actes de
« l'état civil dans son véritable état ;

« Par ces motifs, le tribunal, après en avoir délibéré,
« statuant sur la requête à lui présentée, ordonne :

« *Primo*, que l'acte de célébration de mariage de
« Joseph-Dominique Lanefranque avec Euridice Man-
« davy, dressé le dix juillet mil huit cent vingt-six par
« l'officier de l'état civil de Bordeaux, sera· rectifié, en
« ce sens que le nom de l'époux et le nom de son père,
« écrits : Lanefranque, seront remplacés par celui de :
« *de Lanefranque.*

« *Secundo*, que l'acte de naissance de Joseph-Jean-
« Adolphe Lanefranque, exposant, dressé par l'officier
« de l'état civil de Bordeaux le trente septembre mil
« huit cent trente-sept, sera rectifié, en ce sens que le
« nom du père de l'enfant déclaré, écrit : Lanefranque,
« sera remplacé par celui-ci : *de Lanefranque.*

« *Tertio*, que l'acte de naissance de Marie-Euridice
« Lanefranque, épouse Uzac, exposante, dressé le treize
« juin mil huit cent trente-neuf par l'officier de l'état

« civil de Bordeaux, sera rectifié, en ce sens que le
« nom du père de l'enfant déclaré, écrit : Lanefranque,
« sera remplacé par celui-ci : *de Lanefranque.*

« Ordonne que le présent jugement sera transcrit sur
« les registres de l'état civil de la ville de Bordeaux de
« l'année courante, et que mention en sera faite en
« marge des actes réformés, lesquels ne seront à
« l'avenir délivrés qu'avec les rectifications ordonnées.

« Fait et prononcé en la chambre du conseil de la
« première chambre du tribunal de première instance
« de Bordeaux, le dix février mil huit cent soixante-
« neuf.

« Signé à la minute du présent jugement : J. BRETENET,
« président, et MÉZIÈRE, commis greffier. »

L'arrêt de Marguerie déclare que les mentions com-
plétives du nom peuvent être introduites par une demande en rectification. Le nom, en effet, étant mutilé,
se trouve dans une condition défectueuse que la loi du
28 mai 1858 a eu pour but de réparer en ramenant la
discipline dans l'état civil.

M. Chauveau, dans son *Journal du droit adminis-
tratif,* tome VII, page 39, est d'avis que la demande en
rectification ne sera qu'une affaire de forme, sans discussion au fond, que l'acte concerne personnellement le
réclamant, que ce soit un acte de son fils, de son
père, de son aïeul.

Bien que la particule et la désignation terrienne ne soient que des modalités et des accessoires du nom patronymique, la cour de cassation s'est prononcée pour leur restauration. Le sieur *Leudière de Longchamps* avait été enregistré avec la triple appellation qui précède sur les livres de naissances, mais *de Longchamps* avait été omis dans son contrat de mariage et dans les inscriptions de bâptême de ses enfants. La cour ordonna que la partie nominale absente fut restituée au réclamant et aux siens. Dans le cas actuel, au lieu de demander le plus, c'est-à-dire le préfixe et le nom de terre, nous revendiquons le moins, c'est-à-dire la préposition intermédiaire qui soude les deux noms.

« Les tribunaux et la chancellerie doivent rendre « l'exécution de la loi douce et modérée. Leur mission, « dit avec raison M. Borel d'Hauterive, n'est pas d'em- « pêcher, mais de régulariser les rectifications et chan- « gements de nom, d'en rendre la procédure plus aisée. « Les tribunaux ne doivent point surtout hésiter à juger « les cas qui leur sont soumis et ou l'on réclame le ré- « tablissement de la particule ou du nom de fief (1). »

Diverses décisions judiciaires, et notamment un arrêt de la cour de Bordeaux du 4 juin 1862 (2), parlent encore en notre faveur. On y voit « que le nom est une

---

(1) *Annuaire de la Noblesse,* 1860, page 286.
(2) Sirey, 63, II, 6.

« propriété, un des éléments constitutifs de la personna-
« lité civile, et le signe distinctif des individus et des
« familles ; — que le demandeur justifie qu'il est
« membre de la famille à laquelle appartient le nom
« de C... (1) »

Un jugement du tribunal de Metz (9 février 1861)
renferme le considérant ci-après : « Peut et doit rectifié
« par les tribunaux un acte de naissance, passé en 1792,
« en ce que la particule nobiliaire n'y a pas été donnée
« au père de l'enfant, s'il est justifié qu'il en avait la
« possession antérieure et ancienne. »

Il est bien certain, poursuit Lévesque, page 224 de
son *Droit nobiliaire français*, « qu'avant la révolution
« française, l'acquisition d'un domaine était un moyen
« d'acquérir le nom de ce domaine. » La cour de cassation a émis la même doctrine le 10 mars 1862. Sui-
vant elle, « le surnom emprunté au fief entre dans la
composition du nom patronymique (cela suffirait par
soi-même, car on ne voit pas pourquoi l'élément nouveau du nom patronymique serait plus fragile que
l'ancien), mais encore parce qu'il statue dans une
espèce où le nom du fief n'avait été porté que par la
branche qui le détenait ; ce qui n'empêche pas la
cour de cassation d'approuver la déclaration des juges
du fond, « que Claude-Antoine de La Roche... avait

____

(1) *Du Droit nobiliaire,* page 328.

« ajouté par le fait le nom de son fief de *Lacarelle à*
« *son nom de famille.* » Aussi, il est bien certain que
l'acquisition du fief pouvait opérer non-seulement une
saisine restreinte au chef de famille acquéreur et aux
membres de la famille qui succédaient à sa possession, mais une saisine collective et perpétuelle *au*
profit de la famille tout entière (1) ».

Le nom glébé, accolé à celui de famille, était pour
ainsi dire une formation nouvelle, ou, si l'on veut, une
transformation qui se perpétuait avec la race qui l'avait
adopté. La durée n'était pas subordonnée à la conservation du fief, dont le nom demeurait adhérent au patronymique, même après la perte de la seigneurie : or,
dans notre cas, ils ont co-existé à partir de 1616 : aussi
dans le creuset du temps, les deux éléments nominaux
Dubosc et de Pesquidoux se sont fusionnés et incoporés
d'une manière si parfaite, qu'ils n'en font plus qu'un
aujourd'hui ; l'altération qu'il subit dans la personne
de M. Frédéric-Pierre-Marie-Vincent Dubosc-Pesquidoux, par suite d'une erreur ou d'une inadvertance, est
une atteinte à l'identité de la famille. La jurisprudence
et la législation sont d'accord pour le réintégrer dans
ses droits.

(1) *Du Droit nobiliaire français,* par Lévesque, page 226.

IV.

L'addition du nom de terre au nom patronymique était, sous l'ancienne monarchie, d'un usage général. La loi de germinal an XI, interdisant toute modification du nom, impose a M. Frédéric-Pierre-Marie-Vincent Dubosc de Pesquidoux de reprendre celui qui a été dominant dans le passé de sa famille.

Le nom de Dubosc est très-répandu dans cette partie de l'Armagnac qui confine aux Landes. De là, nécessité pour les rameaux d'une même souche de se particulariser par l'appellatif terrien. Voilà pour quel motif on trouve au Houga les Dubosc Peyran à côté de leurs parents les Dubosc de Pesquidoux. L'usage de ces signes distinctifs était du reste général à cette époque. « Jusqu'à la nuit du 4 août 1789, » dit M. Louis Vian, référendaire au conseil de sceau, dans son livre : *la Particule :* « Les puinés se distinguaient de l'aîné par le « nom d'un des domaines paternels, si petit qu'il fut : « Houdart de La Mothe, Boileau des Préaux, Arouet « de Voltaire. »

Ménage, dans ses *Observations sur la langue française,* ne tolère pas le *de* devant les noms de famille et leur conteste toute portée nobiliaire ; il les admet toutefois et comme très-logiques devant les noms dérivés de seigneuries.

« La plupart de nos gentilshommes s'imaginent que
« les prépositions *de* ou *du* devant le nom de famille
« sont une marque de noblesse. Sur quoi ils se trompent.
« Nos anciens ne les ont jamais mises que devant les
« noms de famille qui viennent des seigneuries, et il ne
« faut les mettre que devant ces noms-là. »

L'article 2 de la loi du 6 fructidor an II autorise la conservation des surnoms usuels dans une famille, pour différencier les rameaux ou les membres. Seulement pour mériter le respect et la protection de la justice, ils doivent se recommander par une suffisante possession dont les juges sont les appréciateurs.

M. de Semainville, auteur du *Code sur la noblesse*, accepte l'emploi de la particule non comme préfixe du nom patronymique, mais comme trait d'union avec l'appellation de terre,

« Conformément, dit-il, à la jurisprudence existant
« sous l'empire et sous la restauration qui autorisait
« tout personnage titré à porter son titre avec son nom
« propre ou le nom d'une propriété, pourvu que ce ne
« fut pas celui d'une commune. »

Je reconnais volontiers, néanmoins, que l'annexion du nom de fief à celui préalablement porté par le possesseur était bien plus garanti par l'usage que par le droit; je ne présume même pas qu'elle fût toujours de nécessité absolue : aucune loi n'imposait à l'acquéreur la prise de la désignation terrienne comme ornement ou complément du substantif patronymique. Les intéressés pouvaient donc ne pas bénéficier d'une faculté basée sur l'habitude. Mais lorsque la volonté de s'approprier le nom du fief était manifeste, cette possession revêtait un caractère réfléchi et intentionnel que la justice a toujours respecté; l'exercice du double nom de Dubosc de Pesquidoux, persistant pendant trois siècles, lui imprime ce caractère de solidité légale. La cour de Lyon s'est prononcée de la même manière le 6 juillet 1860 :

« Que c'est un pur fait qu'il s'agit d'établir, en re-
« cherchant si le possesseur du fief a voulu profiter au-
« trefois de l'usage existant, et modifier par l'addition
« du nom du fief son nom patronymique;

« Qu'il n'y a point à appliquer, en pareille matière,
« les règles de la prescription, le droit naissant, comme
« il vient d'être dit, du fait et non d'une possession pro-
« longée pendant un temps quelconque nécessaire à
« prescrire;

« Que la possession ne doit en ce cas être consultée
« que pour vérifier si elle a eu des caractères certains
« comme démonstration de l'intention du possesseur du
« fief de fondre le nom du fief dans son nom patrony-
« mique. »

Nous ne demandons pas, cela doit être bien entendu, un signe caractéristique de noblesse, mais une reconstitution du nom tel qu'il s'est manifesté pendant des siècles, ce qui crée une propriété incontestable. La cour de Nîmes, par un arrêt du 11 juin 1860, a corroboré cette doctrine : « Que d'ailleurs les articles 2 et 4 de « la loi de l'an XI maintiennent expressément en certains « cas l'usage de signer et de prendre des surnoms « presque toujours reliés au nom principal par une par- « ticule. »

Le consultant n'est nullement responsable de la chute du monosyllabe qui lui fait en apparence une personnalité à part au foyer domestique; son droit et son devoir sont donc de faire compléter son nom par une intercalation qui n'en modifie aucunement la nature.

La disparition du *de* qui précède le mot Pesquidoux, à tous les degrés de la filiation depuis 1616, constitue une brisure ou plutôt un changement contraire à la loi du 11 germinal an XI, article 4, qui défend à toutes personnes nobles ou non de modifier leurs noms sans l'autorisation du gouvernement. M. Frédéric Dubosc de Pesquidoux, étant en contradiction avec les lois du pays, demande simplement à se remettre sous leur observation.

V.

LES TRIBUNAUX CIVILS SONT COMPÉTENTS POUR APPRÉCIER UNE DEMANDE EN RECTIFICATION DES ACTES DE L'ÉTAT CIVIL.

En fait de particule, quelle que soit sa place, la seule voie ouverte pour la revendication est celle de la requête directement adressée au tribunal. Or, si l'on accepte ce principe, que la préposition prétendue honorifique, bien qu'elle ne le fut point, a été abolie par les lois révolutionnaires, de plus, si l'on repousse par une exception préjudicielle la personne victime de cette législation de circonstance, tout citoyen né et inscrit à cette époque aura reçu un nom irréparablement mutilé. Un écrit de la cour de Nîmes du 11 juin 1860 renverse de telles hypothèses :

« Attendu, dit-il, que la loi du 6 fructidor an II,
« comme celle du 19 juin 1790, a ordonné à tout ci-
« toyen de reprendre et conserver sans altération le
« vrai nom de sa famille, et n'a défendu de porter ou
« d'insérer aux registres de l'état civil que les qualifi-
« cations féodales ou nobiliaires;

« Que ces titres sont énumérés dans l'article 1er de
« la loi du 19 juin 1790;

« Qu'on n'y voit pas figurer expressément les parti-
« cules qui, avant comme depuis 1789, n'ont jamais
« suffi par elles-mêmes pour caractériser la noblesse ;

« Que, d'ailleurs, les articles 2 et 4 de la loi de
« l'an II maintiennent expressément, en certains cas,
« l'usage de signer et de prendre des surnoms, presque
« toujours reliés au nom principal par une par-
« ticule (1), etc. »

La compétence de la juridiction civile, dans l'espèce
qui nous occupe, est irrécusable. Elle résulte non seulement de la circulaire du 22 novembre 1859, de M. le
garde des sceaux, citée plus haut, mais surtout de
l'article 9 de la loi du 11 germinal an XI qui dit :

« Il n'est rien innové, par la présente loi, aux dis-
« positions des lois existantes relatives aux questions
« d'Etat entraînant changement de noms, qui conti-
« nueront à se débattre devans les tribunaux ordi-
« naires. »

L'état civil, ajoute M. Dalloz (2), c'est « le mode
« légal d'existence de chacun dans la famille et dans la
« société ; » d'où il suit que les questions d'état qui
touchent aux noms sont des questions légales en matière
de nom (3).

(1) Sirey, 1860, II, 599.
(2) *Répertoire général,* verso, Actes de l'état civil, n° 2.
(3) *Du Droit nobiliaire français au* XIXe *siècle,* par Alfred Lévesque, page 319.

Nous ne croyons pas utile d'insister sur la recevabilité de la demande en rectification. De nombreux arrêts, tels que ceux de la cour de Limoges, rendus le 20 décembre 1858, et celui de la cour d'Orléans, à la date du 14 août 1860, ne permettent plus la discussion à ce sujet.

VI.

CONCLUSIONS.

Les conclusions, telles que nous les formulerions, étant parfaitement déduites dans la requête que se propose d'adresser au tribunal le consultant M. Frédéric Dubosc de Pesquidoux, nous nous contenterons de reproduire son langage rationnel :

« *A Monsieur le Président du tribunal de Condom (Gers).*

« Monsieur le Président,

« Le soussigné Frédéric-Pierre-Marie-Vincent Dubosc
« Pesquidoux, né au Houga, et fils de M. Jean Dubosc
« de Pesquidoux, et de dame Marie-Félicie Dubosc-
« Peyran, a l'honneur de venir demander au tribunal la

« rectification de son inscription de naissance, faussée
« et tronquée par suite de l'omission du *de* qui raccorde
« le nom patronymique de Dubosc à la désignation
« terrienne de Pesquidoux;

« Que depuis 1616, date de l'union d'Antoine Dubosc
« avec Jeanne de Pesquidoux, jusqu'à la révolution,
« la forme constante du nom pour tous leurs descen-
« dants a été : Dubosc de Pesquidoux.

« La jurisprudence qui affirme les droits de l'expo-
« sant est pour ainsi dire invariable, comme il ressort
« de diverses décisions judiciaires en faveur des de-
« mandes du genre de celle qui vous est soumise. Le
« but de sa requête est de restaurer le nom dans son
« état successif pendant près de trois siècles ;

« Que le réclamant est une exception dans la famille,
« car son frère possède la particule dont il est lui-
« même privé. Son père, né sous la première révolution,
« à une époque où toute formule d'apparence nobi-
« liaire était prohibée, fut, par la force des choses, dé-
« pouillé sur son état civil du préfixe *de* qui joint le
« nom de Dubosc à celui de Pesquidoux. Aussitôt que
« les circonstances le permirent, il reprit et continua
« l'exemple de ses prédécesseurs en signant: *Dubosc de*
« *Pesquidoux* dans tous les actes essentiels de sa vie,
« comme son contrat de mariage et la naissance de son
« fils aîné. Par suite de je ne sais quelle fatalité ou né-
« gligence de la part de l'officier municipal, je me

« trouve avoir un nom différent de celui des miens
« morts ou vivants. Les titres qui légitiment ma de-
« mande, et qui vous seront communiqués en due
« forme, ont été reproduits en partie dans le mémoire
« qui accompagne cette requête. Je suis donc dispensé de
« les trancrire ici. La lumière qu'ils projettent sur mes
« droits au nom de Dubosc de Pesquidoux me permet
« d'espérer leur reconnaissance par la justice.

« Partant, il vous plaira, monsieur le Président,
« ordonner la communication de la présente requête
« et des pièces à l'appui à M. le Procureur de la
« République, et nommer un de messieurs les juges
« pour faire un rapport sur l'instance de l'exposant qui
« revendique la restitution d'une particule, en l'absence
« de laquelle son nom est dissemblable de celui de son
« frère, de son père et de ses ancêtres. Il vous plaira,
« en outre, monsieur le président, ordonner que le
« jugement à intervenir sera inscrit sur les registres de
« l'état civil, que mention en sera faite en marge des
« actes réformés, et que ces actes seront désormais
« délivrés avec les corrections ci-dessus indiquées.

« Frédéric-Pierre-Marie-Vincent DUBOSC-PESQUIDOUX. »

Typ. J. Noulens.